Geschafft

hafft

Geschafft

Idee/Text: Michael Kernbach

Cartoons/Illustration: Miguel Fernandez

15. Auflage 2025

© 2010 Lappan Verlag in der Carlsen Verlag GmbH,
Völckersstraße 14–20, 22765 Hamburg

ISBN 978-3-8303-4208-3

Mit Fragen zur Produktsicherheit
wenden Sie sich bitte an: carlsen.de/kontakt

Text: Michael Kernbach
Illustrationen: Miguel Fernandez
Herstellung und Gestaltung: Ulrike Boekhoff

 FOLLOW US!
facebook.com/lappanverlag
Instagram.com/lappanverlag

LAPPAN.DE
LAPPANKALENDER.DE

Du hast es

Geschafft

Was Frau mit 30
nicht mehr tun muss!

Auf die große Liebe warten

Ein weit verbreiteter Irrtum bei der großen Liebe ist, dass zu ihr immer zwei gehören. Dazu, straferschwerend sozusagen, soll dieser Zweite meistens ausgerechnet auch noch ein Mann sein.

Jede Frau mit 30 weiß längst: Das ist Mission impossible! Dabei ist das Warten auf die große Liebe sowieso überflüssig, weil die große Liebe längst bei Ihnen ist. Tun Sie sich darum einen biblischen Gefallen und lieben Sie sich selber so, wie Ihr Nächster oder Ihr Ex es sowieso nicht verdient oder hinbekommen hätte. Schenken Sie sich uneingeschränkte Aufmerksamkeit, überraschen Sie sich selbst mit Schmuck und spontanen Trips nach Paris und genießen Sie es, in einen Menschen verliebt zu sein, der Sie wie keiner sonst versteht und immer nur für Sie da sein wird. Ein Leben lang. Ohne Stress, ohne Beziehungsprobleme. Einfach ich. Ich liebe mich!

Lehrerin werden

„Lehrerin" ist nicht nur Beruf, das scheint Berufung. Das Regenbogen-Einhorn unter den sozialversicherungspflichtigen Tätigkeiten. Das Wunderland für alle, die es gern besser wissen. Reden, ohne unterbrochen zu werden.

Andere ständig verbessern dürfen, ganz ohne Beef. Oh. Mein. Gott. Leider hat diese schillernde Utopie auch ihre Schattenseiten. Kleines Denkexperiment gefällig? Erinnern Sie sich an sich selbst und Ihre Freundinnen zurück. Neun Jahre, elf Jahre, Pubertät! Würden Sie wirklich jeden Tag in diesem Brutnest von Gremlins arbeiten wollen? Und Ihre Eltern! Wie peinlich die oft waren! Jeden Tag fremdschämen müssen für Erwachsene, die in der Geiselhaft ihres Nachwuchses gefangen sind? Das kann niemand wollen! Legen Sie dieses (Alb-)Träumchen auf Seite und gehen Sie es lieber in der Politik an. Da ist das Setting dasselbe, nur ohne die nervigen Kinder.

Mit den Mädels Party machen

Die wilden Zwanziger, wow, was waren das Zeiten! Jedes Wochenende Party machen mit den Mädels, tanzen und abgehen bis der Arzt kommt ... für die anstehenden 30er-Jahre ist das leider keine nachhaltige Lebensphilosophie.

Denn während Sie weiterhin dem Sangria-Eimer die Strohhalm-Stange halten und jeden Spaßtanz sofort aus dem Effeff beherrschen, verkrümeln sich still und leise die anderen Partymäuse in ihre Familien oder Berufe. Da steht man ganz schnell alleine auf weiter Flur. Wenn Sie trotzdem weiter Party machen wollen, denken Sie um. Raus aus dem Club, rein in die Wohlfühlklamotten, heißt die Devise. Werden Sie selbst Eventmacherin und veranstalten Sie zum Beispiel Streaming-Abende mit Einhornschlafanzügen. Viel besser als Party!

Bei GNTM bewerben

Die Teilnahme an „Germany's next Topmodel" oder wie die ganzen anderen Quietschieformate heißen mögen, ist für Sie nun endgültig nicht mehr erstrebenswert. Wollen Sie sich von der Kneifzange Heidi Klum mit ihren gestelzten und schlecht gelernten Sprüchen vor aller Augen fertigmachen lassen?

Nee, oder? Leider bietet das deutsche Fernsehen für die erwachsene Frau bisher nur recht schalen Ersatz für die eigene TV-Karriere wie Kandidatin sein bei „Wer wird Millionär?". Aber wissen Sie was? Kreieren Sie doch ein eigenes Format wie „Germany's Top 30" oder „Heißer als 30 Grad im Schatten" und zeigen Sie nicht nur, wie eine erwachsene Frau im Leben daherkommt, sondern verdienen Sie sich damit auch noch eine goldene Nase. Nur Mut, so einen Quatsch wie „Bauer sucht Frau" hat ja auch irgendwann mal irgendwer einem Sender angedreht!

Bei „Primark" einkaufen

Eines der ältesten Naturgesetze lautet: Frauen haben nix anzuziehen. Hier verdienen gewissenlose Textilriesen wie „Primark" ihre Kohle.

Während das Mode-Mäuschen atemlos alle sechs Stunden den Style wechselt und ihr bisschen Guthaben in den nächsten Billigladen trägt, sitzt in den Hinterzimmern dieser Strass- und Polyesterhöllen die Bekleidungs-Mafia und lacht sich schlapp. Ab 30 ändert sich das Kleidungsaxiom von „nichts anzuziehen" in „nichts ANSTÄNDIGES anzuziehen". Investieren Sie also zukünftig das durch Powershoppen gesparte Geld in wertige und zeitlose Kleidung. Die Erfahrung zeigt: Weniger ist mehr! Probieren Sie es aus, es lohnt sich!

Ältere Männer bewundern

Eine der schwerwiegendsten Sinnestäuschungen bei Frauen verliert ab 30 drastisch ihre benebelnde Wirkung:

Es ist die einnehmende Ausstrahlung, die ältere Männer auf junge Mädchen ausüben können. Lebenserfahren, reif, humorvoll, und dann auch noch Professor, Journalist oder noch schlimmer Schriftsteller von Beruf: Da fluten die Rosarot-Blutkörperchen aus der Kindheit bei einigen Mittzwanziger-Dingern das komplette Stammhirn. Wer aber wie Sie diese älteren Wunderwesen aus der eigenen Generation hat heranwachsen sehen, besitzt den besseren Durchblick: Egoman, alkoholkrank, pleite oder noch verheiratet, dazu schlechter Atem, Blähungen und Fußgeruch – dies sind die pestilenzialischen Insignien des männlichen Verfalls.

Immer nett sein

Das ist ein echtes Erziehungsverbrechen, das Mütter seit Generationen an ihren Töchtern verüben. Eine Frau soll immer nett und freundlich sein. Pustekuchen!

Wozu soll das gut sein? Der einzige Grund, warum es praktisch keine Frauen in Führungspositionen gibt, ist genau der, dass den Männern auch noch höflich die Tür aufgehalten wird. Das heißt aber auch, dass Mädels am Ende an allem Schuld haben. Weltwirtschaft, Umweltpolitik, Spitzensport – alles hinüber, weil sie den Männern nett den Vortritt lassen. Ein wirklich guter Vorsatz für den 30. Geburtstag ist darum, bloß nicht mehr zu nett zu sein – der Umwelt zuliebe!

Es der (Schwieger-)Mutter
recht machen

Wenn das Leben bisher einen echten Dauerdowner für Sie bereitgehalten hat, dann war es Ihre Mutter. Ganz übel Gebeutelte erwehren sich in einem Zweifrontenkrieg auch noch gegen den Tyrannosaurus Rex unter den Müttern, die Mama ihres Mannes.

Lassen Sie sich das nicht mehr länger bieten. Betreiben Sie eine konsequente Ausgrenzungsstrategie, indem Sie zum Familienessen an Weihnachten Dosenravioli in der Dose servieren oder zum Geburtstag des Drachen ungeschminkt im Jogginganzug einlaufen. So viele Fehlermeldungen werden das (schwieger-)mütterliche Gehirn komplett überfordern. Mit etwas Glück wird diese Reizüberflutung einen Sprechschock auslösen, der Sie von nun an für Monate vor dem Genörgel der Muttertiere erlöst.

Probieren Sie es aus, schlimmer kann es schließlich kaum werden!

Auf Ü-30-Partys gehen

Der 30. Geburtstag als Eintrittskarte für die allgegenwärtigen Ü-30-Sausen? Lassen Sie sich lieber noch ein wenig Zeit. Nicht zwei oder drei Jahre, sondern lieber 10–15. Warum? Ü-30-Partys sind der bevorzugte Sammelplatz von Fast-50-Jährigen, die den Beginn des Lebensherbstes noch nicht wahrhaben wollen.

Wenn Ihnen der Anblick eines Mannes, der locker Ihr Vater sein könnte, im weißen Travolta-Zweireiher nicht wichtig ist und Sie keinen zwingenden Bedarf danach verspüren, mit rüstigen Gehhilfekandidaten auf deren Trotzhymne „Stayin-alive" Tanzschritte aus Großmutters Jugend auszuprobieren, sollten Sie um Ü-30-Veranstaltungen erst mal einen Bogen machen. Bleiben Sie doch einfach weiterhin Gast in den Clubs und Bars Ihres Vertrauens. Dort sind Sie nämlich nicht eine Ü-30, sondern vor allem eines: weit U-40.

Kochen lernen

Eine Frau, die bis zum 30. Lebensjahr ohne eigene Kochkünste ausgekommen ist, hat definitiv das 21. Jahrhundert verstanden.

Sowohl in ihrer Rolle als Ehefrau und Familienmutter, weil sie erst gar nicht gegen die Tatsache anzukochen versucht hat, dass selbst zubereitete Speisen beim glutamatabhängigen Nachwuchs ohnehin nur auf taube Geschmackszellen treffen. Wie aber auch als Single, weil eine Frau von Welt nicht kocht, sondern sich bekochen lässt!

Verhüten

Für eine Frau ab 30 in einer stabilen Beziehung ist eine bisher verfolgte No-Go-Strategie beim Thema Fortpflanzung durchaus überdenkenswert. Nicht nur, dass die biologische Uhr tickt und Ihre Umwelt Ihnen täglich den Countdown bis zur Menopause auf die Nanosekunde genau durchgibt.

Dank der Gleichstellungspolitik haben sich auch die Fronten am Wickeltisch entschieden zu Ihren Gunsten verschoben. Mann macht den Kleinen klar, und du tanzt in der Wunder-Bar, das ist ja in vielen Beziehungen längst gelebte Wirklichkeit. Außerdem bringt die Liebesfrucht nicht nur Mutterfreude, sondern dank Elterngeld auch noch richtig Kohle ins Haus. Und die Freude der Schwangerschaft! 9 Monate lang essen, was man möchte. Ohne auf die Figur zu schauen! Sie sehen, es gibt eigentlich keinen Grund mehr, zu verhüten. Gebären Sie Kinder! Los! Sofort! Gez. Ihre Bundesregierung

Auf den guten Ruf achten

Keine Schusseligkeit wird bei Frauen härter geahndet, als wenn sie ihren guten Ruf verlieren. Schlüssel, Smartphone ... alles kein Problem, aber beim Standing in der Nachbarschaft hört der Spaß dann auf. Mit dem 30. Lebensjahr sollten Sie in Ruhe Ihre Weiße-Westen-Bilanz prüfen.

Sicheres Resultat: Obwohl Sie sich die letzten 30 Jahre so ziemlich alles verkniffen haben, was irgendwie nach Spaß und Abenteuer aussah, zerreißen sich die Klatschtanten im Block trotzdem ihre Mäuler! Darum sollte Ihre neue Lebensdevise sein: „Ist der Ruf erst ruiniert, läuft der Rest fast wie geschmiert". Feiern Sie eine wilde Dessousparty im Garten oder trinken Sie morgens vor der Haustür Prosecco aus der Flasche. Kaufen Sie sich ein Motorrad und bieten Sie in Zeitungsinseraten Ganzkörpermassagen an. Und wenn dann die Stimmung im Viertel komplett kippt, können Sie immer noch wegziehen. Ein bisschen Spaß muss eben sein!

Backpacking

Rucksackreisen, mit der katholischen Jugend oder als studentische Backpackerin, das klingt immer so romantisch.

In Wirklichkeit ist es Unsinn, von dem Sie, dank der endlich erreichten 30, endgültig befreit sind. Mag man Ihnen noch so sehr von der Schönheit des einfachen Reisens die Hucke voll lügen, von einer erwachsenen Frau kann niemand wirklich erwarten, sich ein Hostelzimmer mit 10 anderen Personen zu teilen. Schließlich sind wir doch keine Nomaden mehr! Rucksackreisen und Hostels sind damit in Zukunft tabu, alleine eine vorzuschlagen ein triftiger Scheidungsgrund!

Mit den Jungs mithalten

Sie haben ein Leben lang versucht, mit den Kerlen mitzuhalten? Job, Party, Sport, immer im Infight mit dem anderen Geschlecht? Das hat jetzt endlich ein Ende. Sie haben endgültig verloren! Die Jungs, nämlich.

Mit 30 ist bei denen schließlich in Sachen Karriere, Saufen und Rumprotzen zumeist das Ende der Fahnenstange erreicht. Womit Sie wiederum beim nun beginnenden Teil der Wettkämpfe um Haushaltsführung, Kindererziehung und Freizeitgestaltung auf einen weitgehend ermatteten Gegner treffen, den Sie leicht in den Hobbykeller oder die Eckkneipe wegdrängen können. Als Beute gehen die Trophäen aus den guten Zeiten des Mannes, Auto, Haus, Konto, so nahezu kampflos in Ihren Besitz über. Das macht die Frauen zum starken Geschlecht: Sie können immer länger durchhalten. Sie wissen ja, wer zuletzt lacht ...

Sich abrackern

Arbeit ist der Teil der Work-Life-Balance, den keiner so richtig dolle mag. Respektive scheint die Freizeit ihr viel angenehmerer Buddy zu sein. So ist das aber heute nicht mehr ganz richtig. Arbeit als „Maloche" ist ein Relikt aus Zeiten, in denen es keine Apps, keine KI und keine Backautomaten gab, die einem die Arbeit eben abnehmen.

Wenn man sieht, wie schnell die digitalen Mitarbeitenden sind, wie wenig Urlaub die brauchen und wie selten sich ein Bot krankschreiben lässt, dann stellt sich die Frage fast von selbst: Warum noch arbeiten? Die Antwort ist ganz einfach: Weil's heute Spaß macht! Wenn's gut läuft, bleibt viel Zeit für Spökes im Büro, läuft's schlecht, ist die IT dran schuld. Arbeiten ist auf dem besten Weg, DER Freizeitkick überhaupt zu werden! Suchen Sie sich eine hippe Company mit italienischer Kaffeemaschine, Yoga-Kursen und Tischtennisplatte und genießen Sie Arbeit 2.0. Abrackern war gestern. Egal, was Papa sagt.

Auto fahren

Von allen Dingen, die die ollen Boomer – ohne auch nur mit der Wimper zu zucken – einfach in der Umwelt stehen lassen, sind Autos mit Abstand der größte Haufen Blech. Danke, Boomer! Autos und ihre Nutzung gehören zu einem Mobilitätskonzept aus der Steinzeit, in der es noch nicht mal Zoom-Meetings gab.

Keine Smartphones. Nicht einmal das Internet. Frau von heute braucht solch ein Vehikel aus der Vergangenheit nicht mehr. Viel umweltfreundlicher und obendrein stylischer ist ohnehin echte Retromobilität. Steigen Sie um auf das gute alte Pferd oder nehmen Sie gleich eine ganze Kutsche. Wenn Ihnen das aus Tierschutzgründen nicht behagt, wählen Sie Sänfte oder Rikscha und zeigen Sie so Ihren Nachbarn und Kollegen, dass Sie nicht nur die Idee des ökologischen Fußabdrucks verstanden haben, sondern dass Sie ihn sich auch leisten können. Bon voyage!

An Misswahlen teilnehmen

War es sicher bisher durchaus auch ein gesellschaftlicher und emotionaler Vorteil, als „Miss Volksbank Donaueschingen" oder „Miss Ytong Beton" die neidischen Blicke der Freundinnen auf sich zu ziehen, ist 30 doch ein gutes Alter, mit der aktiven Laufstegkarriere bei Schönheitskonkurrenzen abzuschließen.

Eine erwachsene Frau hat es nicht mehr nötig, sich auf ihre Bikinifigur reduzieren zu lassen, so gut diese auch noch immer sein möge. Machen Sie es lieber wie Heidi Klum und bringen Sie im Jurorenteam einer solchen Veranstaltung Ihre ganze Lebenserfahrung ein. Dort lassen sich obendrein weitere schöne Miss-Titel erwerben, etwa als Miss Gunst, Miss Stück oder Miss Vergnügen.

Ins Solarium gehen

Ein schöner Teint ist und bleibt auch mit 30 eine wichtige Komponente Ihres tadellosen Aussehens. Ob dabei jedoch der Einsatz von UV-Strahlen mittelfristig die richtige Strategie darstellt, sollten Sie jetzt, wo es ins Hauptrennen des Lebens geht, noch einmal gründlich überdenken. Das Risiko, den goldenen Teint von heute ab Mitte 50 mit der Haut eines vertrockneten Brathähnchens zu bezahlen, ist nicht zu unterschätzen!

Wie beim Geld, empfiehlt sich darum auch bei der Körperpflege ein breites Streuen Ihrer Investitionen in Ihre Schönheit. Tragen Sie nur einen Teil Ihres optischen Kapitals auf die Sonnenbank, setzen Sie ruhig auch auf alternative Bioprodukte wie Gurkenmaske oder Schlammbad oder, im Optimalfall, legen Sie sie fest an, etwa am Strand oder am Pool einer Trauminsel wie Gran Canaria. Richtig in den Sand gesetzt, kann Ihre Performance als Strandgut erhebliche Mehreinnahmen durch einen motivierten und attraktiven Investor bringen.

Auf Rockfestivals campen

Mal ehrlich: Für den sehr jungen Menschen sind Rock-Open-Airs doch nichts anderes als infernalisch beschallte Selbstversuchslaboratorien für Sex, Drogen und Alkohol und was sonst noch unter freiem Himmel Spaß macht.

Mit 30 dürften Sie hier nun Ihre Bedürfnisse und Neigungen in Sachen Sinnesräusche zumindest so weit austariert haben, dass im Zelt übernachten auf dem Schlammacker von Rockfestivals jetzt als beendet erklärt werden kann. Machen Sie jetzt einfach mal eine Pause. Und in 10 Jahren kommen Ihre Helden von der Hauptbühne sicher auf Farewell-Comeback-Jubiläumstournee in den netten kleinen Club um die Ecke. Da ist es warm, trocken und Dixi gibt es schlimmstenfalls für die Künstler, nicht für die Gäste.

Marathonlaufen

Dünn, austrainiert und fit. So sollen wir sein, sagt die Werbung, und das sagt auch die Krankenkasse. Ein für sicher erachteter Weg zu diesem Ziel, der Marathonlauf, ist dabei aber nichts anderes als ein 42 Kilometer langer Irrweg. Dass der erste Marathonike der Geschichte nach seinem Lauf tot zusammenbrach, das erzählt einem von der Barmer-Ersatzkasse keiner. Vielleicht spekulieren diese Pfennigfuchser auf Millionenersparnisse durch Laufeinsätze mit Todesfolge.

In Wahrheit ist der Marathonlauf eine Volkskrankheit. Nur dass keiner drüber redet. Gelenk- und Muskelverletzungen kosten die Volkswirtschaft viel Geld, ohne dass, wie beim Rauchen oder Trinken, über die Genusssteuer wenigstens Teile der Behandlungskosten schon beim Erwerb der Giftstoffe mit abgedrückt werden. Zeigen Sie darum gesellschaftliche Verantwortung und verweigern Sie das Marathonlaufen. Wenn es Sie nach Bewegung drängt, gehen Sie ins Schwimmbad, wo Sie mit Ihrem Eintrittsgeld eine kommunale Einrichtung unterstützen und nicht, wie die Laufis, kostenlos unsere Straßen abtreten.

Model werden

Das ist so verkürzt gesagt natürlich nicht richtig. Gerade Supermodels fallen ja in der Mehrzahl dadurch auf, dass ihre richtig große Zeit erst mit 30 beginnt. Allerdings, das muss man den Mädels zugutehalten, haben die meisten von ihnen bis zum Durchbruch bereits viele Jahre Hunger und Erniedrigung durch schwule Fotografen durchgestanden.

Ein Preis, den zu zahlen eine erwachsene Frau mit 30 nicht mehr bereit sein sollte. Auch wenn der Weg auf die Laufstege nach Paris oder Mailand wahrscheinlich nun ein wenig zu steil sein dürfte, muss keine Frau in ihren besten Jahren auf eine Modelkarriere verzichten. Starten Sie lieber als Influencerin durch. Mit einem Blog wie „Mein Weg zum Curvy Model" können Sie lange Zeit viel Spaß haben. Oder bewerben Sie sich beim Finanzministerium als neues Gesicht für die bald startende Kampagne „Ich zahle Steuern, ich bin glücklich". Gesehen werden kann heute so einfach sein.

Den Büro-Gigolo abschleppen

Wenn irgendetwas definitiv nicht mehr zu den Hobbys einer erwachsenen Frau gehören sollte, dann sind es Kampfsportarten. Besonders Wettbewerbe um die Gunst des Büro-Gigolos sind Ihrer Lebenserfahrung nicht mehr würdig.

Sie wissen doch aus eigener Beobachtung, wie schnell aus dieser Trophäe ein sprechender Wanderpokal wird, der Ihren Arbeitsplatz zur Hölle der 1000 Peinlichkeiten werden lässt. Wenn es überhaupt eine derartige Erfahrung auf der Ebene des beruflichen Miteinanders braucht, sollten Sie sich besser unter den Werkstudenten umsehen. Die werden nix sagen und wenn doch, sind sie im Zweifel schnell zu entsorgen. Außerdem machen die nicht nur im Job oft viel mehr als ältere Kollegen. Geben Sie der Jugend eine Chance!

Groupie sein

Waren Sie früher eines der Girls, das schon um Mitternacht vor der Eingangstür der Stadthalle campiert hat, weil eine Abordnung von Ihnen favorisierter Rockstars Ihre Stadt besucht hat? Oder sind Sie denen gar hinterher-gereist?

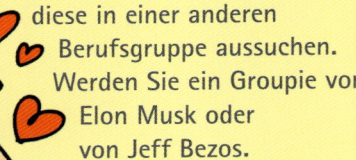

Nun, es wird Ihnen sicher auch schon selber aufgefallen sein, dass diese Musiker heutzutage irgendwie immer jünger werden. Und die anderen Groupiegirls auch. Verlassen Sie darum diesen Kindergarten. Wenn Sie weiterhin altersgerecht erfolgreichen Männern folgen wollen, sollten Sie sich diese in einer anderen Berufsgruppe aussuchen. Werden Sie ein Groupie von Elon Musk oder von Jeff Bezos.

Longboard fahren

Es ist natürlich auch mit 30 noch richtig und wichtig, mit der Zeit zu gehen. Trotzdem sollten Sie den Drang unterdrücken, wirklich jede Mode unreflektiert mitzumachen.

Dazu gehört auch die Teilhabe am Trendsport „Longboard fahren", eine Fortbewegungsform, die jeden Menschen jenseits der 25 sofort wie einen Greis wirken lässt, der den fortschreitenden Verfall nicht wahrhaben möchte. Das können Sie nicht wollen! Wenn schon Bretter, dann Bretter, die die Welt bedeuten. Schauspielerei ist ein Hobby, das für jedes Alter eine Rolle bereithält. Oder, wenn Sie es lieber bequemer mögen, surfen Sie vor dem Bügelbrett durch die Nachmittagssendungen des guten, alten Fernsehens. Das verschafft nicht nur Unterhaltung, sondern auch immer 1-a gemachte Wäsche!

Tindern

Zu Mutters Zeiten war es der zwischenmenschliche Offenbarungseid: Die Suche nach einem Lebenspartner per Kontaktanzeige.

Dank Tinder und Co. hat sich zwar das Standing der professionellen Kupplerei deutlich aufgehellt, die Ware indes ist leider nicht wirklich besser geworden. Es ist eben wie beim Büfett. Die besten Stücke sind kurz nach Eröffnung bereits alle weg. Verplempern Sie darum keine Zeit mit der B-Ware im Internet und versuchen Sie im Zweifel, einer möglichst Ihnen Unbekannten ihren Edelmacker auszuspannen. Das Leben ist hart, und nur mit nett sein ist auch ein Napoleon nicht Kaiser geworden.

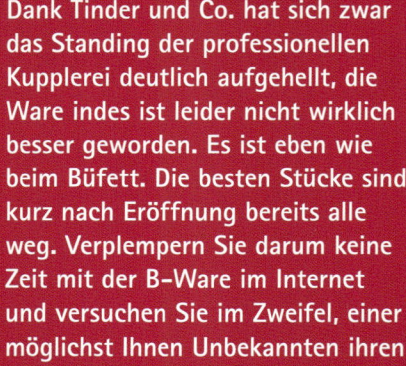

Hotpants tragen

Das ist jetzt nicht wörtlich zu nehmen. Natürlich kann es auch einer 30-Jährigen weiterhin die gierigen Blicke ihrer gesamten männlichen Umgebung verschaffen, wenn sie ihren Astralkörper mit wenigen Stoffen an den richtigen Stellen gut definiert.

Die Frage nach den Hotpants ist eher eine philosophische nach Sinn und nach Wirkung, nämlich wann ich INNERLICH keine Hotpants mehr tragen sollte. Jetzt mal ehrlich: Welche erwachsene Frau will schon einen Kerl, der jedem Hotpants-Hintern hinterhergeiert? Wichtig ist nur, dass jeder sieht, dass Sie auch noch Hotpants tragen KÖNNTEN.

Tätowieren lassen

Bedenken Sie immer den folgenden Leitsatz: Erst wenn der letzte Oberschenkel zelluliert, die letzte Haut geschrumpelt und der letzte Hintern abgesackt ist, werden Sie merken, dass man Tattoos nicht einfach ausziehen kann.

Statt dieser völlig unzeitgemäßen Hautstatements für die Ewigkeit sollten Sie flexibel und zeitgemäß mit Körper-Bildschmuck das tagesaktuelle Geschehen kommentieren. Lifestyle-Magazine halten regelmäßig passende Rubbelbilder auf Höhe der Zeit bereit: Das ist doch viel genialer, als ein Teufelchentattoo auf dem Schulterblatt. Und viel leichter wieder abzuwaschen ist es obendrein!

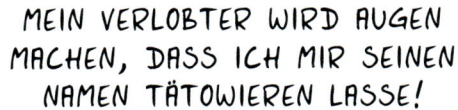

Unterwäsche von Liebhabern
sammeln

Sollten Sie in der Vergangenheit die Angewohnheit gepflegt haben, die Unterhosen Ihrer Abenteuer wie eine Art Skalp in einer Sammlung zu verewigen, wäre der 30. Geburtstag ein geeigneter Zeitpunkt, dieses Museum für Neuaufnahmen zu schließen.

Dafür gibt es gute Gründe. Nicht nur, dass die Bereitschaft zur Hygiene bei vielen Männern reziprok zum Lebensalter sinkt und so ein bakterieller Brandherd schnell entstanden ist. Männer neigen außerdem dazu, nur einmal im Leben Unterwäsche zu kaufen, und zwar mit 18. Diese wird dann nie mehr modernisiert und bis zum Tod getragen. Die Gefahr, immer häufiger einen altersgerechten Liebhaber aus immer unmodischeren Schlüpfern zu pellen, steigt jetzt ständig und kann einem ruckzuck die schöne Erinnerungssammlung an die Zeiten verderben, als die Lovers noch knackig und die Slips noch neu waren.

Festivalbändchen tragen

Können Sie sich noch erinnern? An diese leicht deplatziert wirkenden, etwas in die Jahre gekommenen Spätstudierenden, die am Rande ihres ersten Moshpits standen und nur aufpassten, dass ihnen niemand den Bierbecher aus der Hand tritt?

Zu diesen Figuren, es heißt nun stark sein, gehören Sie jetzt selbst. Dass Festivals nicht mehr in Ihre engere Freizeitauswahl gehören, spüren Sie sicher schon länger. Allerspätestens gleich nach dem Erwachen auf dem durchgeweichten Acker des Festivalgeländes, nur mit Jägermeister zum Frühstück. Time to say goodbye! Legen Sie die Festivalbändchen endgültig ab und schauen Sie nach vorne. Verschiedene Designer bieten ebenso spannenden Armschmuck, der nicht unwesentlich teurer ist als Festivaltickets. Und im eigenen Bett schlafen können Sie dann auch noch!

Das zweite Date abwarten

Machen wir uns nichts vor: Mit 30 hat man ehrlich gesagt keine Zeit mehr zu verlieren. Okay, statistisch betrachtet haben Sie jetzt gerade mal ein Drittel der Strecke hinter sich, Sie sind also fast noch ein Greenhorn auf der Lebensprärie.

Trotzdem kann man, dank der eigenen Lebenserfahrung, gerade bei Freizeitaktivitäten prima Zeit sparen und trotzdem Spaß haben. Nehmen wir das Daten. 30 ist das perfekte Alter für Dates, wenn man ein paar Grundregeln befolgt: 1. Nur noch mit Männern verabreden, die man bestimmt ein zweites Mal wiedersehen will; weswegen man 2. schon beim ersten Treffen so tun kann, als wäre es das zweite, weil man dann 3. schon jetzt vor dem Einschlafen über Ehe reden kann, was die Anbahnung einer Beziehung von ca. 6 Wochen auf unter 10 Stunden drücken kann. Mit dem gleichen Spaß und dem gleichen Ergebnis!

Was **80** man ab alles tun darf!

Geschafft

Geschafft

LAPPAN.DE
LAPPANKALENDER.DE

Was Mann mit **30** NICHT mehr tun muss!

Geschafft

Was Mann mit **40** NICHT mehr tun muss!

Geschafft

Was Mann mit **50** NICHT mehr tun muss!

Geschafft

Was Mann mit **60** NICHT mehr tun muss!

Geschafft

Was Mann mit **65** NICHT mehr tun muss!

Geschafft

Was Mann ab **70** alles tun darf!

Geschafft